ISBN 978-3-8377-**4943**-4

Name:

Klasse:

Ich habe die Übungen erfolgreich bearbeitet am:

34 + 3 = ___

4 + 3 = 7

Die kleine Schwester hilft!

39 – 6 = ___

9 – 6 = 3

1. 34 + 3 = ___	**4.** 71 + ___ = 78	**7.** 39 – 6 = ___	**10.** 99 – ___ = 91
2. 84 + 3 = ___	**5.** 43 + ___ = 48	**8.** 89 – 6 = ___	**11.** 57 – ___ = 51
3. 92 + 8 = ___	**6.** 37 + ___ = 40	**9.** 27 – 7 = ___	**12.** 70 – ___ = 66

Lösung	3	4	5	6	7	8	20	33	37	83	87	100
Feld	11	5	2	3	9	1	8	6	10	4	12	7

Erst zum Zehner, dann weiter

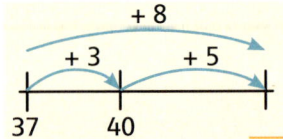

+ 8

+ 3   + 5

37   40   ___

8

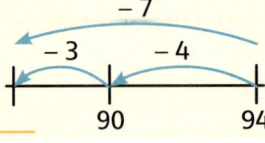

– 7

– 3   – 4

___   90   94

7

1. 37 + 8 = ___	**4.** 88 + 4 = ___	**7.** 94 – 7 = ___	**10.** 23 – 8 = ___
2. 63 + 9 = ___	**5.** 48 + 5 = ___	**8.** 52 – 6 = ___	**11.** 91 – 5 = ___
3. 26 + 7 = ___	**6.** 99 + 3 = ___	**9.** 88 – 9 = ___	**12.** 101 – 4 = ___

Lösung	15	33	45	46	53	72	79	86	87	92	97	102
Feld	22	16	13	19	21	17	15	20	23	14	24	18

Regelwürmer: Welche Zahlen fehlen?

Immer + 6   18   24   **1.**   36   **2.**   **3.**   54

Immer + 8   35   **4.**   51   **5.**   67   **6.**   83

Immer – 7   91   84   **7.**   70   **8.**   **9.**   49

Immer – 9   100   **10.**   82   **11.**   64   **12.**   46

Lösung	30	42	43	48	55	56	59	63	73	75	77	91
Feld	9	11	10	8	6	7	1	3	4	12	5	2

32 + 25

Zusammen 5 Zehner und 7 Einer.

Erst die Zehner, dann die Einer.

+ 25
+ 20   + 5
32   52 ___

	1.	32 + 25 = ___	4.	26 + 32 = ___	7.	43 + 36 = ___	10.	43 + 25 = ___
	2.	83 + 16 = ___	5.	55 + 33 = ___	8.	34 + 52 = ___	11.	54 + 35 = ___
	3.	41 + 25 = ___	6.	26 + 61 = ___	9.	18 + 41 = ___	12.	22 + 74 = ___

Lösung	57	58	59	66	68	79	86	87	88	89	96	99
Feld	12	11	10	9	4	1	5	7	3	6	2	8

Rechne wie Zahline

	1.	25 + 37 = ___	4.	62 + 29 = ___	7.	73 + 19 = ___	10.	28 + 45 = ___
	2.	54 + 18 = ___	5.	47 + 35 = ___	8.	38 + 45 = ___	11.	64 + 29 = ___
	3.	46 + 25 = ___	6.	22 + 59 = ___	9.	47 + 37 = ___	12.	79 + 16 = ___

Lösung	62	71	72	73	81	82	83	84	91	92	93	95
Feld	19	22	23	15	24	16	14	21	20	18	13	17

Zahlenmauern

Benachbarte Zahlen addieren: Wie heißt die fehlende Zahl?

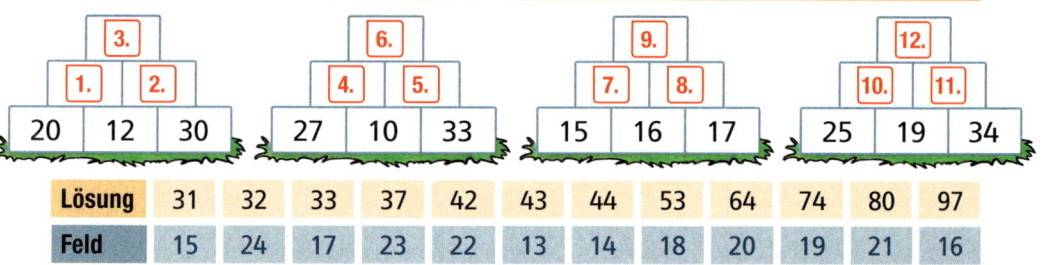

Lösung	31	32	33	37	42	43	44	53	64	74	80	97
Feld	15	24	17	23	22	13	14	18	20	19	21	16

Subtrahieren zweistelliger Zahlen

 45 – 14

1 Zehner und 4 Einer weg. Dann 3 Zehner und 1 Einer übrig.

Erst die Zehner, dann die Einer.

1. 45 – 14 = ___   **4.** 52 – 31 = ___   **7.** 67 – 25 = ___   **10.** 75 – 53 = ___

2. 35 – 12 = ___   **5.** 48 – 35 = ___   **8.** 84 – 51 = ___   **11.** 96 – 72 = ___

3. 67 – 26 = ___   **6.** 54 – 22 = ___   **9.** 49 – 15 = ___   **12.** 87 – 75 = ___

Lösung	12	13	21	22	23	24	31	32	33	34	41	42
Feld	4	11	1	12	9	8	2	10	7	6	5	3

Rechne wie Zahline

1. 42 – 15 = ___   **4.** 53 – 18 = ___   **7.** 78 – 49 = ___   **10.** 75 – 29 = ___

2. 65 – 27 = ___   **5.** 94 – 78 = ___   **8.** 93 – 46 = ___   **11.** 63 – 48 = ___

3. 84 – 36 = ___   **6.** 47 – 28 = ___   **9.** 54 – 28 = ___   **12.** 74 – 66 = ___

Lösung	8	15	16	19	26	27	29	35	38	46	47	48
Feld	9	8	11	4	5	1	10	2	3	12	7	6

Minus-Trauben

Benachbarte Zahlen subtrahieren: Wie heißt die fehlende Zahl?

  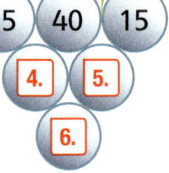   

50   24   12   75   40   15   85   30   13   97   54   26

1. **2.**   **4.** **5.**   **7.** **8.**   **10.** **11.**

3.   **6.**   **9.**   **12.**

Lösung	10	12	14	15	17	25	26	28	35	38	43	55
Feld	24	23	21	17	14	16	19	13	20	22	15	18

54 + 29

84 − 59

Tipp für die 9

54 + 30, dann 1 weniger.

84 − 60, dann 1 mehr.

1. 54 + 29 = ___	**4.** 28 + 19 = ___	**7.** 84 − 59 = ___	**10.** 57 − 49 = ___
2. 48 + 49 = ___	**5.** 73 + 29 = ___	**8.** 66 − 39 = ___	**11.** 74 − 19 = ___
3. 32 + 39 = ___	**6.** 26 + 69 = ___	**9.** 98 − 79 = ___	**12.** 47 − 29 = ___

Lösung	8	18	19	25	27	47	55	71	83	95	97	102
Feld	15	18	22	17	13	20	14	21	19	24	23	16

Erst schauen, dann rechnen

1. 48 + 15 + 2 = ___	**5.** 45 − 18 − 5 = ___	**9.** 49 + 35 − 5 = ___
2. 36 + 27 + 4 = ___	**6.** 54 − 22 − 4 = ___	**10.** 75 + 16 − 6 = ___
3. 26 + 52 + 8 = ___	**7.** 67 − 25 − 5 = ___	**11.** 72 − 24 + 4 = ___
4. 55 + 36 + 4 = ___	**8.** 84 − 51 − 9 = ___	**12.** 87 − 75 + 5 = ___

Lösung	17	22	24	28	37	52	65	67	79	85	86	95
Feld	18	13	15	23	17	16	21	24	20	14	19	22

Regelwürmer: Welche Zahlen fehlen?

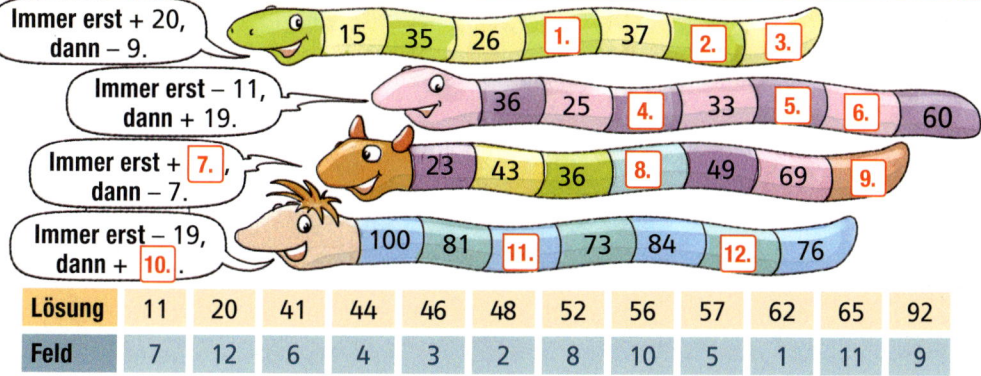

Immer erst + 20, dann − 9.

15 35 26 **1.** 37 **2.** **3.**

Immer erst − 11, dann + 19.

36 25 **4.** 33 **5.** **6.** 60

Immer erst + **7.**, dann − 7.

23 43 36 **8.** 49 69 **9.**

Immer erst − 19, dann + **10.**.

100 81 **11.** 73 84 **12.** 76

Lösung	11	20	41	44	46	48	52	56	57	62	65	92
Feld	7	12	6	4	3	2	8	10	5	1	11	9

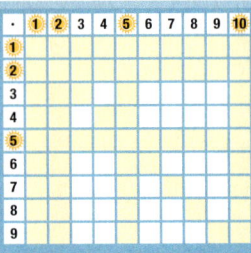

Von den Sonnen-Aufgaben zu den Nachbaraufgaben.

Sonnen-Aufgaben

Denke an Tauschaufgaben und Umkehraufgaben.

·	1	2	3	4	5	6	7	8	9	10
1										
2										
3										
4										
5										
6										
7										
8										
9										

1. ☀ 2 · 8 = ___   4. ☀ 6 · 6 = ___   7. 8 · 7 = ___   10. 30 : 6 = ___

2. ☀ 5 · 9 = ___   5. ☀ 9 · 9 = ___   8. 9 · 3 = ___   11. 28 : 4 = ___

3. ☀ 10 · 7 = ___   6. ☀ 7 · 7 = ___   9. 7 · 6 = ___   12. 32 : 8 = ___

Lösung	4	5	7	16	27	36	42	45	49	56	70	81
Feld	2	4	6	11	5	12	9	7	8	1	10	3

Multi-Pack: Finde die fehlenden Aufgaben

5
7
3
8

1. ___ · ___ = 15
2. ___ · ___ = 21
3. ___ · ___ = 24
4. ___ · ___ = 35
5. ___ · ___ = 40
6. ___ · ___ = 56

Multi-Pack

Vier Zahlenkarten, sechs Aufgaben. Aufgabe und Tauschaufgabe: nur eine Aufgabe.

2
9
6
4

7. ___ · ___ = 8
8. ___ · ___ = 12
9. ___ · ___ = 18
10. ___ · ___ = 24
11. ___ · ___ = 36
12. ___ · ___ = 54

Lösung	2 · 4	2 · 6	2 · 9	3 · 5	3 · 7	3 · 8	4 · 6	4 · 9	5 · 7	5 · 8	6 · 9	7 · 8
Feld	13	17	21	23	19	22	16	18	24	15	14	20

Für Profis!

7
3
6
?

1. ___ · ___ = 12
2. ___ · ___ = 18
3. ___ · ___ = 21
4. ___ · ___ = 24
5. ___ · ___ = 28
6. ___ · ___ = 42

Eine Zahlenkarte fehlt!

9
5
4
?

7. ___ · ___ = 20
8. ___ · ___ = 32
9. ___ · ___ = 36
10. ___ · ___ = 40
11. ___ · ___ = 45
12. ___ · ___ = 72

Lösung	3 · 4	3 · 6	3 · 7	4 · 5	4 · 6	4 · 7	4 · 8	4 · 9	5 · 8	5 · 9	6 · 7	8 · 9
Feld	2	6	3	11	1	9	7	4	10	8	5	12

Verteile 24 Murmeln gleichmäßig auf Säckchen.

Zwei Säckchen	Vier Säckchen	Drei Säckchen
1. Durch-Aufgabe	3. Durch-Aufgabe	5. Durch-Aufgabe
2. Ergebnis	4. Ergebnis	6. Ergebnis

Immer sechs Murmeln in ein Säckchen.
Wie viele Säckchen brauchst du?

30 Murmeln	42 Murmeln	54 Murmeln
7. Durch-Aufgabe	9. Durch-Aufgabe	11. Durch-Aufgabe
8. Ergebnis	10. Ergebnis	12. Ergebnis

Lösung	24 : 2	24 : 3	24 : 4	30 : 6	42 : 6	54 : 6	5	6	7	8	9	12
Feld	20	15	21	17	22	14	13	19	16	23	18	24

10 : 3 = 3 Rest 1

Jedes Kind bekommt drei Sticker. Ein Sticker bleibt übrig.

Verteile gerecht.

20 Sticker an 3 Kinder	15 Sticker an 4 Kinder	30 Sticker an 4 Kinder
1. Durch-Aufgabe	3 Durch-Aufgabe	5. Durch-Aufgabe
2. Ergebnis	4. Ergebnis	6. Ergebnis

Wie viele Schachteln brauchst du? Wie viele Sticker bleiben übrig?

Immer sechs Sticker in eine Schachtel.

20 Sticker	40 Sticker	50 Sticker
7. Durch-Aufgabe	9. Durch-Aufgabe	11. Durch-Aufgabe
8. Ergebnis	10. Ergebnis	12. Ergebnis

Lösung	15 : 4	20 : 3	20 : 6	30 : 4	40 : 6	50 : 6	3R2	3R3	6R2	6R4	7R2	8R2
Feld	19	24	16	14	20	17	18	23	22	13	21	15

Zuckerwatte 1,90€
Popcorn 1,80€
Waffel 1,10€

Limo 1,30€
Eis 0,90€
Eistee 1,30€

Ich kaufe eine Zuckerwatte. Die kostet ungefähr 2 Euro.

Ich kaufe 2 Tüten Popcorn. Das kostet ungefähr 4 Euro.

Wie viel Geld kostet es ungefähr? Wie viel Geld kostet es genau?

	ungefähr	genau		ungefähr	genau
	1.	2.		7.	8.
	3.	4.		9.	10.
	5.	6.		11.	12.

Lösung	3,00€	3,10€	3,70€	4,00€	5,00€	5,30€	5,50€	6,00€	6,50€	7,00€	7,80€	8,00€
Feld	1	3	8	10	12	4	2	6	11	5	9	7

Rechne aus

1. 6,20€ + ___€ = 7,00€
2. 4,70€ + ___€ = 5,00€
3. 7,85€ + ___€ = 8,00€
4. 2,05€ + ___€ = 3,00€

5. 8,40€ + 1,20€ = ___€
6. 2,30€ + 1,60€ = ___€
7. 0,65€ + 3,70€ = ___€
8. 0,95€ + 0,45€ = ___€

9. 4,90€ + ___€ = 10,00€
10. 7,40€ + ___€ = 10,00€
11. 5,75€ + ___€ = 10,00€
12. 9,21€ + ___€ = 10,00€

Lösung	0,15	0,30	0,79	0,80	0,95	1,40	2,60	3,90	4,25	4,35	5,10	9,60
Feld	5	2	8	4	3	9	12	1	10	7	6	11

 Viertel nach 7
7.15 Uhr
19.15 Uhr

 halb 8
7.30 Uhr
19.30 Uhr

 Viertel vor 8
7.45 Uhr
19.45 Uhr

Wie spät ist es? Finde die fehlende Angabe!

 halb 5
4.30 Uhr
1.

 **5.**
7.15 Uhr
6.

Lösung	Feld
0.45 Uhr	11
Viertel nach 7	10
halb 9	4
Viertel vor 10	3
halb 12	2
Viertel nach 12	8
2.30 Uhr	5
9.45 Uhr	9
14.30 Uhr	1
16.30 Uhr	7
19.15 Uhr	12
23.30 Uhr	6

Viertel vor 1
12.45 Uhr
2.

 halb 3
7.
8.

 **3.**
8.30 Uhr
20.30 Uhr

9.
10.
21.45 Uhr

4.
12.15 Uhr
0.15 Uhr

 **11.**
11.30 Uhr
12.

 ☀ **Wie heißt die Uhrzeit am Tag?**
🌙 **Wie heißt sie in der Nacht?**

1. ☀ **5.** ☀ **9.** ☀

2. 🌙 **6.** 🌙 **10.** 🌙

Lösung	Feld
1.30 Uhr	11
1.45 Uhr	4
2.45 Uhr	1
3.15 Uhr	5
3.30 Uhr	12
3.45 Uhr	9
13.30 Uhr	2
13.45 Uhr	6
14.45 Uhr	8
15.15 Uhr	3
15.30 Uhr	10
15.45 Uhr	7

3. ☀ **7.** ☀ **11.** ☀

4. 🌙 **8.** 🌙 **12.** 🌙

Einer, Zehner, Hunderter

■ 1 Einer ▬▬▬▬▬ 1 Zehner ▦ 1 Hunderter
10 Einer 10 Zehner
100 Einer

Wie heißt die Zahl?

1. 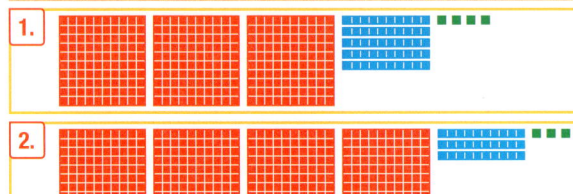	$3H + 5Z + 4E = \underline{\quad}$
2. 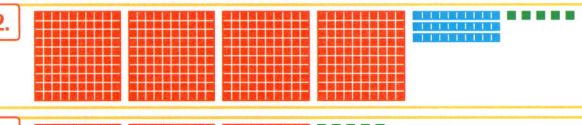	$= \underline{\quad}$
3. 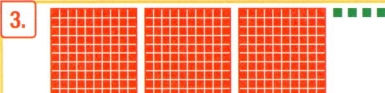	$= \underline{\quad}$

Wie viele Hunderter, Zehner und Einer?

$458 = \underline{\quad} + \underline{\quad} + \underline{\quad}$ $280 = \underline{\quad} + \underline{\quad} + \underline{\quad}$ $801 = \underline{\quad} + \underline{\quad} + \underline{\quad}$
4. **5.** **6.**   **7.** **8.** **9.**   **10.** **11.** **12.**

Lösung	305	354	435	0E	1E	8E	0Z	5Z	8Z	2H	4H	8H
Feld	21	19	23	22	18	24	14	16	13	17	20	15

Addieren mit Zahlenblick

1. $520 + 300 = \underline{\quad}$	**4.** $204 + 500 = \underline{\quad}$	**7.** $354 + 400 = \underline{\quad}$	**10.** $446 + 200 = \underline{\quad}$
2. $520 + 30 = \underline{\quad}$	**5.** $204 + 50 = \underline{\quad}$	**8.** $354 + 40 = \underline{\quad}$	**11.** $237 + 60 = \underline{\quad}$
3. $520 + 3 = \underline{\quad}$	**6.** $204 + 5 = \underline{\quad}$	**9.** $354 + 4 = \underline{\quad}$	**12.** $673 + 5 = \underline{\quad}$

Lösung	209	254	297	358	394	523	550	646	678	704	754	820
Feld	4	11	8	5	7	6	3	12	9	2	10	1

Ergänzen mit Zahlenblick

1. $430 + \underline{\quad} = 630$	**4.** $502 + \underline{\quad} = 902$	**7.** $253 + \underline{\quad} = 553$	**10.** $172 + \underline{\quad} = 872$
2. $430 + \underline{\quad} = 480$	**5.** $502 + \underline{\quad} = 512$	**8.** $253 + \underline{\quad} = 283$	**11.** $429 + \underline{\quad} = 469$
3. $430 + \underline{\quad} = 436$	**6.** $502 + \underline{\quad} = 509$	**9.** $253 + \underline{\quad} = 258$	**12.** $635 + \underline{\quad} = 639$

Lösung	4	5	6	7	10	30	40	50	200	300	400	700
Feld	8	6	5	1	11	9	10	2	4	7	3	12

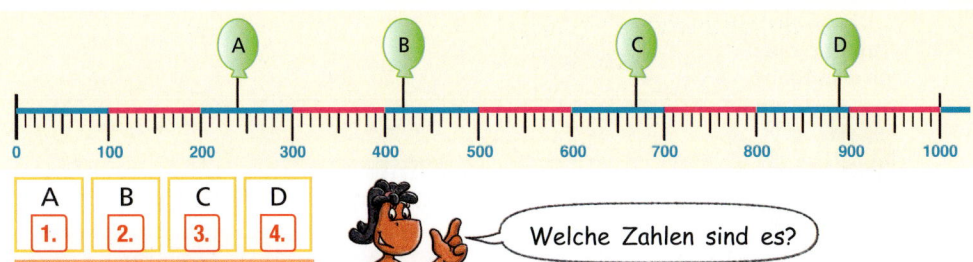

A	B	C	D
1.	2.	3.	4.

Wie weit ist es?

Welche Zahlen sind es?

Rechne <u>vor</u> zum nächsten Hunderter, <u>zurück</u> zum nächsten Hunderter.

A	B	C	D		A	B	C	D
5.	6.	7.	8.		9.	10.	11.	12.

Lösung	– 20	– 40	– 70	– 90	+ 10	+ 30	+ 60	+ 80	240	420	670	890
Feld	15	22	13	17	14	18	16	24	19	23	21	20

In Zehnerschritten über und unter den Hunderter

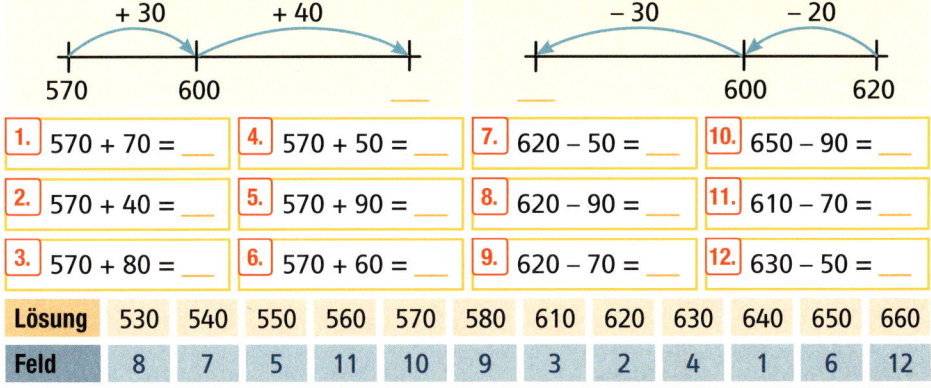

1.	570 + 70 = ___	4.	570 + 50 = ___	7.	620 – 50 = ___	10.	650 – 90 = ___
2.	570 + 40 = ___	5.	570 + 90 = ___	8.	620 – 90 = ___	11.	610 – 70 = ___
3.	570 + 80 = ___	6.	570 + 60 = ___	9.	620 – 70 = ___	12.	630 – 50 = ___

Lösung	530	540	550	560	570	580	610	620	630	640	650	660
Feld	8	7	5	11	10	9	3	2	4	1	6	12

In Einerschritten über und unter den Hunderter

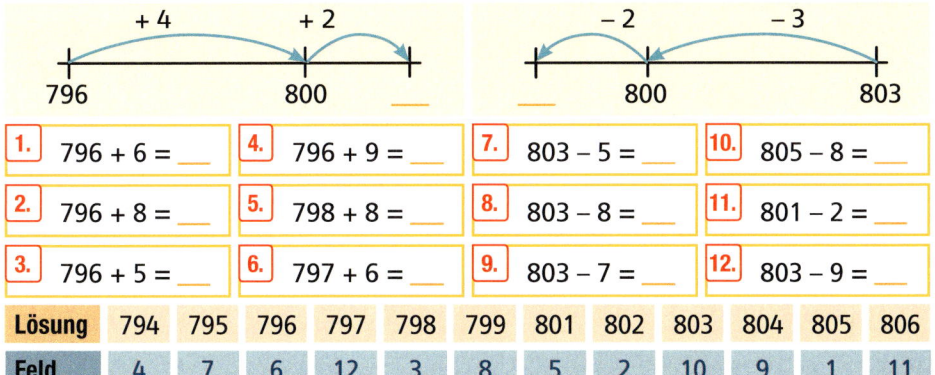

1.	796 + 6 = ___	4.	796 + 9 = ___	7.	803 – 5 = ___	10.	805 – 8 = ___
2.	796 + 8 = ___	5.	798 + 8 = ___	8.	803 – 8 = ___	11.	801 – 2 = ___
3.	796 + 5 = ___	6.	797 + 6 = ___	9.	803 – 7 = ___	12.	803 – 9 = ___

Lösung	794	795	796	797	798	799	801	802	803	804	805	806
Feld	4	7	6	12	3	8	5	2	10	9	1	11

Rechnen in einem Hunderter

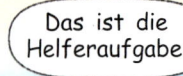
Das ist die Helferaufgabe.

1. 25 + 52 = ___	**5.** 17 + 41 = ___	**9.** 45 + 24 = ___
2. 325 + 52 = ___	**6.** 417 + 41 = ___	**10.** 945 + 24 = ___
3. 525 + 52 = ___	**7.** 717 + 41 = ___	**11.** 645 + 24 = ___
4. 625 + 52 = ___	**8.** 917 + 41 = ___	**12.** 245 + 24 = ___

Lösung	58	69	77	269	377	458	577	669	677	758	958	969
Feld	18	24	22	13	20	19	23	15	21	14	16	17

Erst die Zehner, dann die Einer

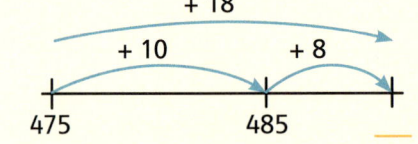
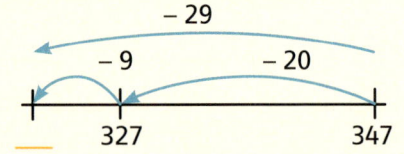

1. 475 + 18 = ___	**4.** 348 + 25 = ___	**7.** 347 − 29 = ___	**10.** 754 − 27 = ___
2. 946 + 27 = ___	**5.** 872 + 19 = ___	**8.** 581 − 48 = ___	**11.** 293 − 76 = ___
3. 519 + 41 = ___	**6.** 624 + 57 = ___	**9.** 454 − 26 = ___	**12.** 326 − 18 = ___

Lösung	217	308	318	373	428	493	533	560	681	727	891	973
Feld	4	6	5	10	7	9	3	8	12	2	1	11

Zahlenmauern

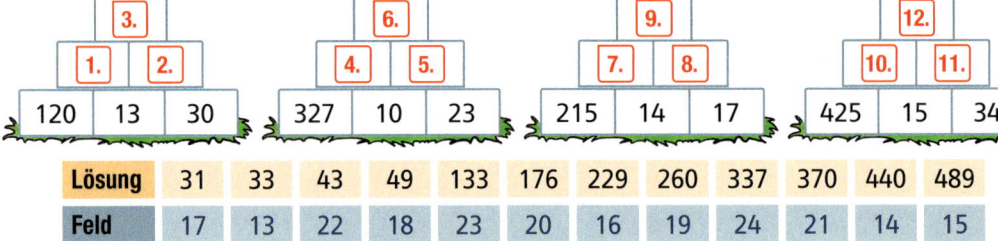

Lösung	31	33	43	49	133	176	229	260	337	370	440	489
Feld	17	13	22	18	23	20	16	19	24	21	14	15

Addieren über den Hunderter

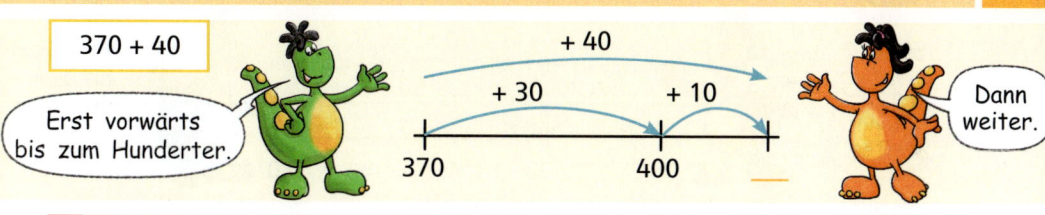

370 + 40

Erst vorwärts bis zum Hunderter.

+ 40
+ 30   + 10
370   400   ___

Dann weiter.

1.	370 + 40 = ___	4.	380 + 60 = ___	7.	340 + 80 = ___	10.	720 + 90 = ___
2.	480 + 50 = ___	5.	850 + 70 = ___	8.	580 + 30 = ___	11.	290 + 40 = ___
3.	860 + 90 = ___	6.	660 + 80 = ___	9.	470 + 70 = ___	12.	550 + 80 = ___

Lösung	330	410	420	440	530	540	610	630	740	810	920	950
Feld	6	11	1	12	7	9	5	2	8	4	3	10

Erst die Zehner addieren, dann die Einer

1.	390 + 50 = ___	4.	460 + 60 = ___	7.	270 + 40 = ___	10.	430 + 80 = ___
2.	390 + 52 = ___	5.	460 + 61 = ___	8.	275 + 40 = ___	11.	433 + 80 = ___
3.	390 + 59 = ___	6.	460 + 65 = ___	9.	278 + 40 = ___	12.	439 + 80 = ___

Lösung	310	315	318	440	442	449	510	513	519	520	521	525
Feld	5	1	3	7	11	4	9	2	6	8	10	12

Erst die Hunderter addieren

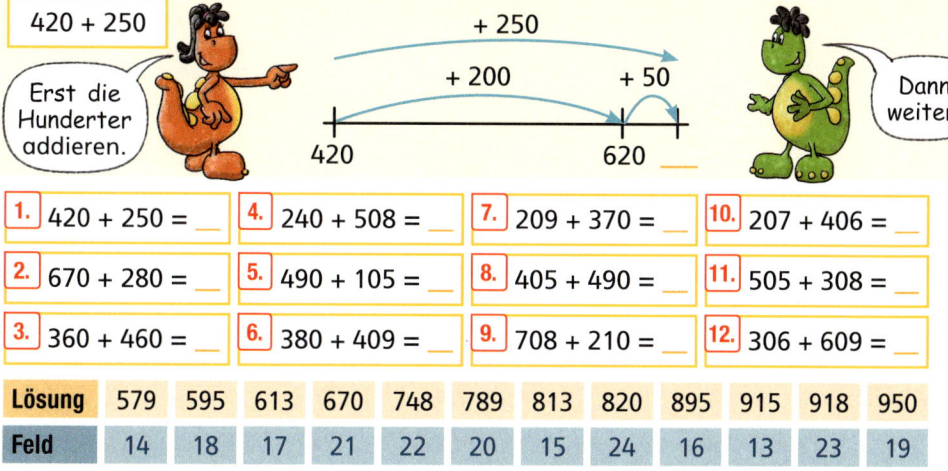

420 + 250

Erst die Hunderter addieren.

+ 250
+ 200   + 50
420   620   ___

Dann weiter.

1.	420 + 250 = ___	4.	240 + 508 = ___	7.	209 + 370 = ___	10.	207 + 406 = ___
2.	670 + 280 = ___	5.	490 + 105 = ___	8.	405 + 490 = ___	11.	505 + 308 = ___
3.	360 + 460 = ___	6.	380 + 409 = ___	9.	708 + 210 = ___	12.	306 + 609 = ___

Lösung	579	595	613	670	748	789	813	820	895	915	918	950
Feld	14	18	17	21	22	20	15	24	16	13	23	19

Subtrahieren unter den Hunderter

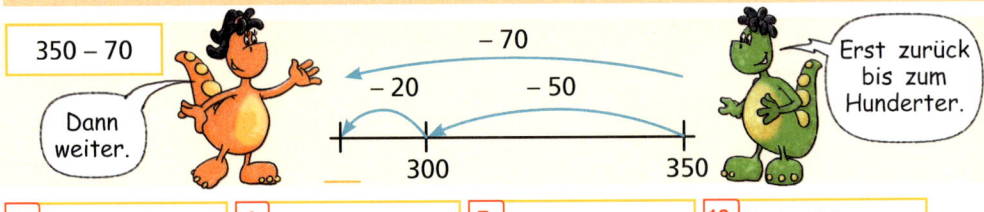

1. 350 – 70 = ___	**4.** 310 – 60 = ___	**7.** 340 – 80 = ___	**10.** 840 – 90 = ___
2. 450 – 80 = ___	**5.** 250 – 70 = ___	**8.** 980 – 90 = ___	**11.** 440 – 60 = ___
3. 760 – 90 = ___	**6.** 160 – 80 = ___	**9.** 620 – 70 = ___	**12.** 550 – 80 = ___

Lösung	80	180	250	260	280	370	380	470	550	670	750	890
Feld	20	15	24	13	23	19	18	14	21	22	16	17

Subtrahiere erst die Zehner, schau dann auf die Einer!

1. 350 – 80 = ___	**4.** 510 – 60 = ___	**7.** 430 – 70 = ___	**10.** 530 – 50 = ___
2. 350 – 82 = ___	**5.** 510 – 61 = ___	**8.** 435 – 70 = ___	**11.** 533 – 50 = ___
3. 350 – 86 = ___	**6.** 510 – 65 = ___	**9.** 438 – 70 = ___	**12.** 539 – 50 = ___

Lösung	264	268	270	360	365	368	445	449	450	480	483	489
Feld	10	12	8	5	1	9	11	3	7	4	2	6

Subtrahiere erst die Hunderter, schau dann auf die Zehner!

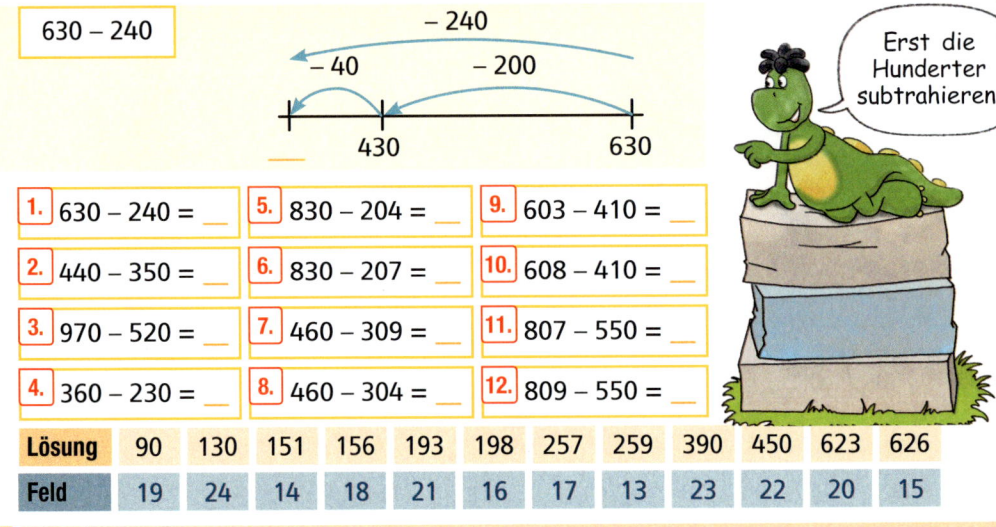

1. 630 – 240 = ___	**5.** 830 – 204 = ___	**9.** 603 – 410 = ___
2. 440 – 350 = ___	**6.** 830 – 207 = ___	**10.** 608 – 410 = ___
3. 970 – 520 = ___	**7.** 460 – 309 = ___	**11.** 807 – 550 = ___
4. 360 – 230 = ___	**8.** 460 – 304 = ___	**12.** 809 – 550 = ___

Lösung	90	130	151	156	193	198	257	259	390	450	623	626
Feld	19	24	14	18	21	16	17	13	23	22	20	15

Zahlen nah nebeneinander.

Der Unterschied ist klein.

835 840 845

1. 842 – 837 = ___	**4.** 852 – 846 = ___	**7.** 367 – 364 = ___	**10.** 987 – 986 = ___
2. 843 – 839 = ___	**5.** 851 – 849 = ___	**8.** 481 – 479 = ___	**11.** 127 – 121 = ___
3. 841 – 838 = ___	**6.** 855 – 848 = ___	**9.** 648 – 643 = ___	**12.** 703 – 699 = ___

Lösung	2	3	4	5	6	7	Lösung	1	2	3	4	5	6
Feld	13	19	22	24	23	21	Feld	14	17	15	16	20	18

Tipp für die 9

1. 520 – 99 = __	**5.** 450 – 199 = __	**9.** 620 – 299 = __
2. 720 – 99 = __	**6.** 830 – 199 = __	**10.** 540 – 399 = __
3. 702 – 99 = __	**7.** 803 – 199 = __	**11** 606 – 499 = __
4. 908 – 99 = __	**8.** 504 – 199 = __	**12.** 900 – 799 = __

Lösung	101	107	141	251	305	321	421	603	604	621	631	809
Feld	3	1	5	6	2	12	8	11	4	10	9	7

 52 99 150 203 350 405 499

Zwei Zahlen nehmen und addieren.

Finde erst den zweiten Summanden und dann das Ergebnis.

Die Summe soll zwischen 205 und 300 liegen:	150 + **1.** = **2.**	203 + **3.** = **4.**
Die Summe soll zwischen 350 und 450 liegen:	203 + **5.** = **6.**	99 + **7.** = **8.**
Die Summe soll zwischen 701 und 800 liegen:	350 + **9.** = **10.**	203 + **11.** = **12.**

Lösung	52	99	150	249	255	350	353	405	449	499	702	755
Feld	16	13	21	17	14	23	18	15	19	20	24	22

Zehner-Einmaleins

 50 = 5Z

3 · 50 = ____

 3 · 5Z = 15Z
15 Z = ____

Denke auch an die Tauschaufgabe!

1. 3 · 50 = ____	**4.** 40 · 8 = ____	**7.** 9 · 70 = ____	**10.** 20 · 7 = ____
2. 6 · 20 = ____	**5.** 60 · 7 = ____	**8.** 7 · 80 = ____	**11.** 60 · 8 = ____
3. 3 · 80 = ____	**6.** 80 · 5 = ____	**9.** 9 · 50 = ____	**12.** 50 · 7 = ____

Lösung	120	140	150	240	320	350	400	420	450	480	560	630
Feld	8	4	12	9	11	2	7	3	10	6	5	1

Nun umgekehrt!

1. 120 = ____ · 20	**4.** 420 = ____ · 7	**7.** 320 = ____ · 80	**10.** 150 = ____ · 3
2. 180 = ____ · 90	**5.** 720 = ____ · 8	**8.** 360 = ____ · 40	**11.** 400 = ____ · 5
3. 300 = ____ · 60	**6.** 360 = ____ · 9	**9.** 560 = ____ · 70	**12.** 120 = ____ · 6

Losung	2	4	5	6	8	9	20	40	50	60	80	90
Feld	23	17	21	19	22	13	18	24	15	20	14	16

Malplus

 Von links nach rechts mal, von oben nach unten plus.

· 7
30	**1.**
40	**2.**
3.	**4.**

· 5
80	**5.**
10	**6.**
7.	**8.**

· 3
80	**9.**
20	**10.**
11.	**12.**

Lösung	50	60	70	90	100	210	240	280	300	400	450	490
Feld	10	12	5	3	8	2	6	9	4	11	7	1

Aufgepasst!

· 4
70	**1.**
3.	**4.**
2.	400

· 8
30	**5.**
6.	**7.**
90	**8.**

· 6
9.	240
10.	**11.**
90	**12.**

Lösung	30	40	50	60	100	120	240	280	300	480	540	720
Feld	19	20	14	23	24	22	13	21	16	17	18	15

Es sind 60. Immer 30 in einer Gruppe. Wie viele Gruppen sind es? 60 : 30 = 2.

60 : 30 = 2
60 : 3 = 20

Es sind 60. Immer drei in einer Gruppe. Wie viele Gruppen sind es? 60 : 3 = 20

| **1.** | 350 : 50 = ___ | **3.** | 640 : 80 = ___ | **5.** | 120 : 30 = ___ |
| **2.** | 350 : 5 = ___ | **4.** | 640 : 8 = ___ | **6.** | 120 : 3 = ___ |

| **7.** | 450 : 90 = ___ | **9.** | 240 : 40 = ___ | **11.** | 540 : 60 = ___ |
| **8.** | 450 : 9 = ___ | **10.** | 240 : 4 = ___ | **12.** | 540 : 6 = ___ |

Lösung	4	5	6	7	8	9	40	50	60	70	80	90
Feld	18	14	23	21	24	15	20	16	17	19	22	13

Ein Hunderter sind zwei Fünfziger.

Ein Hunderter sind vier Fünfundzwanziger.

1.	300 : 100 = ___	**4.**	400 : 100 = ___	**7.**	700 : 100 = ___	**10.**	1000 : 100 = __
2.	300 : 50 = ___	**5.**	400 : 50 = ___	**8.**	700 : 50 = ___	**11.**	1000 : 50 = ___
3.	300 : 25 = ___	**6.**	400 : 25 = ___	**9.**	700 : 25 = ___	**12.**	1000 : 25 = __

Lösung	3	4	6	7	8	10	12	14	16	20	28	40
Feld	1	2	3	10	11	12	6	7	4	8	5	9

·9

1.	180
2.	450
3.	**4.**

·7

5.	280
6.	420
7.	**8.**

·30

9.	150
10.	90
11.	**12.**

Lösung	3	5	8	20	40	50	60	70	100	240	630	700
Feld	1	8	3	10	2	12	11	7	6	5	9	4

Multiplizieren mit Einern

Erst die Zehner, dann die Einer.

$4 \cdot 56 = \rule{1cm}{0.1mm}$

$4 \cdot 50 = 200$
$4 \cdot 6 = 24$

$200 + 24 = \rule{1cm}{0.1mm}$

1. $4 \cdot 56 = \rule{1cm}{0.1mm}$	**4.** $7 \cdot 42 = \rule{1cm}{0.1mm}$	**7.** $8 \cdot 49 = \rule{1cm}{0.1mm}$	**10.** $3 \cdot 73 = \rule{1cm}{0.1mm}$
2. $4 \cdot 27 = \rule{1cm}{0.1mm}$	**5.** $7 \cdot 35 = \rule{1cm}{0.1mm}$	**8.** $8 \cdot 36 = \rule{1cm}{0.1mm}$	**11.** $3 \cdot 45 = \rule{1cm}{0.1mm}$
3. $4 \cdot 83 = \rule{1cm}{0.1mm}$	**6.** $7 \cdot 68 = \rule{1cm}{0.1mm}$	**9.** $8 \cdot 57 = \rule{1cm}{0.1mm}$	**12.** $3 \cdot 89 = \rule{1cm}{0.1mm}$

Lösung	108	135	219	224	245	267	288	294	332	392	456	476
Feld	24	14	16	20	15	18	13	19	21	17	22	23

Erst die Hunderter

1. $2 \cdot 205 = \rule{1cm}{0.1mm}$	**4.** $5 \cdot 106 = \rule{1cm}{0.1mm}$	**7.** $7 \cdot 140 = \rule{1cm}{0.1mm}$	**10.** $6 \cdot 120 = \rule{1cm}{0.1mm}$
2. $2 \cdot 102 = \rule{1cm}{0.1mm}$	**5.** $5 \cdot 107 = \rule{1cm}{0.1mm}$	**8.** $7 \cdot 130 = \rule{1cm}{0.1mm}$	**11.** $6 \cdot 110 = \rule{1cm}{0.1mm}$
3. $2 \cdot 309 = \rule{1cm}{0.1mm}$	**6.** $5 \cdot 104 = \rule{1cm}{0.1mm}$	**9.** $7 \cdot 120 = \rule{1cm}{0.1mm}$	**12.** $6 \cdot 150 = \rule{1cm}{0.1mm}$

Lösung	204	410	520	530	535	618	660	720	840	900	910	980
Feld	12	8	11	7	3	10	2	4	9	6	1	5

Rechnen mit Zahlenblick

1. $4 \cdot 99 = \rule{1cm}{0.1mm}$	**4.** $5 \cdot 199 = \rule{1cm}{0.1mm}$	**7.** $7 \cdot 39 = \rule{1cm}{0.1mm}$	**10.** $2 \cdot 399 = \rule{1cm}{0.1mm}$
2. $7 \cdot 99 = \rule{1cm}{0.1mm}$	**5.** $3 \cdot 199 = \rule{1cm}{0.1mm}$	**8.** $6 \cdot 39 = \rule{1cm}{0.1mm}$	**11.** $3 \cdot 299 = \rule{1cm}{0.1mm}$
3. $3 \cdot 99 = \rule{1cm}{0.1mm}$	**6.** $4 \cdot 199 = \rule{1cm}{0.1mm}$	**9.** $8 \cdot 39 = \rule{1cm}{0.1mm}$	**12.** $2 \cdot 499 = \rule{1cm}{0.1mm}$

Lösung	234	273	297	312	396	597	693	796	798	897	995	998
Feld	21	19	18	17	15	23	13	14	24	22	16	20

Erst das Grobe.
Dann das Feine.

175 : 5 = ___
_____
150 : 5 = 30
25 : 5 = 5

30 + 5 = ___

1.	175 : 5 = ___	4.	420 : 6 = ___	7.	240 : 8 = ___	10.	216 : 3 = ___
2.	180 : 5 = ___	5.	450 : 6 = ___	8.	296 : 8 = ___	11.	222 : 3 = ___
3.	195 : 5 = ___	6.	438 : 6 = ___	9.	272 : 8 = ___	12.	231 : 3 = ___

| Lösung | 30 | 34 | 35 | 36 | 37 | 39 | 70 | 72 | 73 | 74 | 75 | 77 |
| Feld | 18 | 21 | 19 | 23 | 14 | 22 | 20 | 15 | 24 | 13 | 16 | 17 |

Aufgepasst, manchmal bleibt ein Rest!

1.	360 : 6 = ___	4.	720 : 9 = ___	7.	200 : 4 = ___	10.	280 : 7 = ___
2.	366 : 6 = ___	5.	727 : 9 = ___	8.	208 : 4 = ___	11.	287 : 7 = ___
3.	364 : 6 = ___	6.	747 : 9 = ___	9.	218 : 4 = ___	12.	275 : 7 = ___

| Lösung | 39R2 | 40 | 41 | 50 | 52 | 54R2 | 60 | 60R4 | 61 | 80 | 80R7 | 83 |
| Feld | 5 | 1 | 3 | 6 | 4 | 8 | 10 | 7 | 12 | 9 | 2 | 11 |

Hier bleibt immer ein Rest

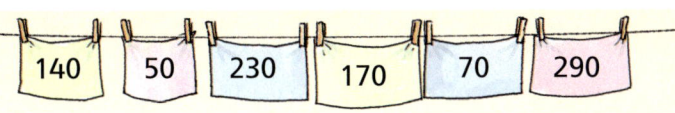

140 50 230 170 70 290

	140	50	230	170	70	290
Dividiere die Zahlen durch 3.	1.	2.	3.	4.	5.	6.
Dividiere die Zahlen durch 8.	7.	8.	9.	10.	11.	12.

| Lösung | 6R2 | 8R6 | 16R2 | 17R4 | 21R2 | 23R1 | 28R6 | 36R2 | 46R2 | 56R2 | 76R2 | 96R2 |
| Feld | 13 | 14 | 23 | 17 | 15 | 16 | 22 | 18 | 19 | 20 | 21 | 24 |

Malplus

Finde die fehlenden Zahlen!

Lösung	6	8	45	56	60	65	86	280	320	336	344	585
Feld	12	3	4	6	11	10	8	1	5	2	9	7

Nun auch mit Hundertern

Das kannst du auch!

Lösung	8	15	25	48	275	300	305	500	550	600	648	915
Feld	23	24	15	21	13	16	18	22	17	19	20	14

Plus, minus, mal, durch

1. $7 \cdot 60 - 50 =$ ___

2. $5 \cdot 80 - 15 =$ ___

3. $4 \cdot 55 + 12 =$ ___

4. $3 \cdot 89 + 30 =$ ___

5. $600 : 6 - 7 =$ ___

6. $720 : 8 - 5 =$ ___

7. $819 : 9 + 8 =$ ___

8. $168 : 4 + 9 =$ ___

9. $497 : 7 + 60 =$ ___

10. $365 : 5 + 37 =$ ___

11. $552 : 6 - 42 =$ ___

12. $1000 : 2 - 85 =$ ___

Lösung	50	51	85	93	99	110	131	232	297	370	385	415
Feld	10	9	1	11	7	12	6	5	3	4	2	8

Ich kaufe fünf Stempel.

5 · 1,70 € = _____
5 · 1,00 € = 5,00 €
5 · 0,70 € = 3,50 €

Wie teuer sind die Waren?

1. **4.** **7.** **10.**
2. **5.** **8.** **11.**
3. **6.** **9.** **12.**

Lösung	3,20 €	3,30 €	8,38 €	8,50 €	8,97 €	14,50 €	14,90 €	15,40 €	23,80 €	28,00 €	29,99 €	32,40 €
Feld	19	17	18	21	24	16	15	22	14	13	20	23

Sachaufgaben

Finde erst die Frage, dann die Aufgabe und die Antwort.

Herr Meier kauft acht Spielzeugautos.	**1.** Frage	**2.** Aufgabe	**3.** Antwort
Herr Lieb kauft drei Stempel. Er bezahlt mit einem 20€-Schein.	**4.** Frage	**5.** Aufgabe	**6.** Antwort
Tim bekommt jeden Monat 5 € Taschengeld. Er spart vier Monate lang.	**7.** Frage	**8.** Aufgabe	**9.** Antwort
Tim möchte von seinem Ersparten vier Päckchen Aufkleber und zwei Malbücher kaufen.	**10.** Frage	**11.** Aufgabe	**12.** Antwort

Lösung	Feld	Lösung	Feld	Lösung	Feld
Reicht das Geld?	7	4 · 2,99 € + 2 · 3,50 €	9	14,90 €	6
Wie viel bekommt er zurück?	4	4 · 5,00 €	10	17,60 €	2
Wie viel Geld hat er?	12	8 · 2,20 €	5	20,00 €	1
Wie viel muss er bezahlen?	3	20 € - 3 · 1,70 €	8	Ja	11

Schriftliches Addieren

	H	Z	E
	4	2	7
+	3	5	4
	[3.]	[2.]	[1.]

	H	Z	E
	2	6	8
+	2	6	4
	[6.]	[5.]	[4.]

	H	Z	E
	6	4	3
+	2	4	7
	[9.]	[8.]	[7.]

	H	Z	E
	1	4	6
+	4	7	1
	[12.]	[11.]	[10.]

Von unten nach oben, von rechts nach links an Überträge denken. Dann gelingt's.

Lösung	1	2	3	5	7	8
Feld	23	24	13	21	20	22

Lösung	0	1	6	7	8	9
Feld	16	18	15	14	19	17

Fehlerforscher

Ziffern falsch addiert	Nicht stellengerecht notiert	Übertrag vergessen	Falscher Übertrag

1.
	7	2	5
+	1	7	6
		1	
	8	0	1

Fehler ●(rot) ●(blau) ○(gelb) ○(grün)

Feld	5	1	7	9

2.
	4	5	1
+		3	7
		1	
	8	2	1

Fehler ●(rot) ○ ○ ○

Feld	7	11	4	3

3.
	4	7	1
+	2	4	2
	1	1	
	7	2	3

Fehler ○ ●(blau) ○ ○

Feld	11	9	12	4

4.
	4	8	2
+	2	6	5
		1	
	7	3	7

Fehler ○ ○ ●(gelb) ○

Feld	8	10	6	3

5.
	3	8	1
+		5	4
		1	
	9	2	1

Fehler ●(rot) ○ ○ ○

Feld	6	10	2	5

6.
	7	2	5
+		1	6	8
		1	1	
	9	9	3

Fehler ●(rot) ○ ○ ○

Feld	4	3	1	12

7.
	3	8	2
+	5	3	9
		1	
	8	2	1

Fehler ○ ○ ○ ●(grün)

Feld	8	11	5	2

8.
	4	6	8
+	2	5	8
		1	
	7	1	6

Fehler ●(rot) ○ ○ ○

Feld	3	5	1	8

9.
	2	6	7
+	7	2	8
		1	
	9	9	4

Fehler ●(rot) ○ ○ ○

Feld	3	2	6	12

10.
	6	3	8
+	1	5	1
		1	
	7	9	9

Fehler ●(rot) ○ ○ ○

Feld	8	4	11	9

11.
	6	9	2
+		2	4
		1	
	9	3	2

Fehler ○ ○ ●(gelb) ○

Feld	4	2	10	7

12.
	5	8	1
+	2	8	6
		1	
	8	6	6

Fehler ○ ○ ○ ●(grün)

Feld	6	1	9	10

Welche Ziffern fehlen?

	2	[2.]	6
+	1	4	[1.]
	[3.]	4	4

	2	[5.]	6
+	[6.]	9	[4.]
	7	9	8

	[9.]	2	[7.]
+	1	[8.]	6
	9	1	5

	6	3	[10.]
+	[12.]	[11.]	4
	8	9	4

Denke an den Übertrag!

Lösung	0	2	4	5	8	9
Feld	3	12	10	8	11	7

Lösung	0	2	6	7	8	9
Feld	4	2	6	9	5	1

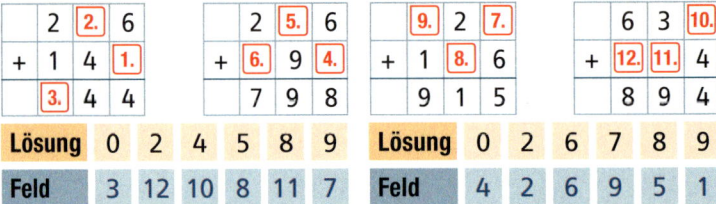

Schau genau hin, dann ist die Aufgabe leicht.

1.	485 + 215 = ___	5.	399 + 584 = ___	9.	375 + 25 + 551 = ___
2.	328 + 512 = ___	6.	598 + 326 = ___	10.	687 + 13 + 104 = ___
3.	207 + 393 = ___	7.	178 + 498 = ___	11.	164 + 324 + 36 = ___
4.	791 + 109 = ___	8.	243 + 698 = ___	12.	251 + 434 + 49 = ___

Lösung	524	600	676	700	734	804	840	900	924	941	951	983
Feld	18	19	15	24	16	14	22	23	21	17	20	13

Erst schätzen, dann rechnen

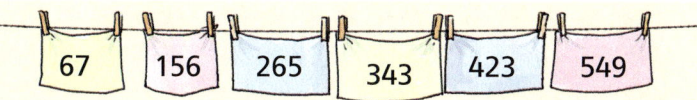

| 67 | 156 | 265 | 343 | 423 | 549 |

Finde erst die passende zweite Zahl, dann das Ergebnis.

Die Summe soll zwischen 200 und 300 liegen:	156 + 1. = 2.
Die Summe soll zwischen 300 und 400 liegen:	67 + 3. = 4.
Die Summe soll zwischen 500 und 600 liegen:	423 + 5. = 6.
Die Summe soll zwischen 700 und 800 liegen:	343 + 7. = 8.
Die Summe soll zwischen 820 und 900 liegen:	549 + 9. = 10.
Die Summe soll zwischen 900 und 1000 liegen:	423 + 11. = 12.

Lösung	67	156	223	265	332	343	423	549	579	766	892	972
Feld	10	2	12	7	9	8	6	3	11	4	1	5

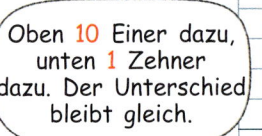

Oben 10 Einer dazu, unten 1 Zehner dazu. Der Unterschied bleibt gleich.

	H	Z	E
		10	
	7	3	1
−	3	1	5
		1	
	3.	2.	1.

	H	Z	E
	9	7	3
−	3	8	6
	6.	5.	4.

	H	Z	E
	8	3	6
−	5	9	1
	9.	8.	7.

	H	Z	E
	8	4	2
−	2	3	9
	12.	11.	10.

Lösung	1	4	5	6	7	8
Feld	3	6	4	1	2	12

Lösung	0	2	3	4	5	6
Feld	7	5	11	8	10	9

Fehlerforscher

Falsch ergänzt	Nicht stellen- gerecht notiert	Übertrag ver- gessen	Falscher Übertrag

1.
```
        10
    8 2 6
  −   2 8
      1
    5 4 6
```
Fehler ● ● ○ ○

Feld	1	9	11	8

2.
```
      10 10
    5 8 3
  − 2 9 1
    1 1
    2 8 2
```
Fehler ● ● ○ ○

Feld	5	6	12	11

3.
```
        10
    4 1 2
  − 3 2 8
      1
    1 8 4
```
Fehler ● ● ○ ○

Feld	12	3	8	2

4.
```
        10
    5 8 2
  − 3 7 6
      1
    1 0 6
```
Fehler ● ● ○ ○

Feld	10	7	3	4

5.
```
        10
    6 2 6
  − 2 8 9
      1
    3 4 7
```
Fehler ● ● ○ ○

Feld	4	11	1	8

6.
```
        10
    6 6 2
  −   5 8
      1
      8 2
```
Fehler ● ● ○ ○

Feld	10	12	1	9

7.
```
        10
    6 9 3
  − 2 6 3
      1
    4 2 0
```
Fehler ● ● ○ ○

Feld	12	11	9	5

8.
```
        10
    7 3 6
  − 3 8 6
      1
    3 4 0
```
Fehler ● ● ○ ○

Feld	3	5	9	8

9.
```
        10
    5 3 2
  − 2 5 7
      1
    3 7 5
```
Fehler ● ● ○ ○

Feld	9	2	7	1

10.
```
        10
    3 8 5
  − 1 5 9
      1
    1 2 6
```
Fehler ● ● ○ ○

Feld	2	10	6	7

11.
```
    6 2 9
  −   3 1
    3 1 9
```
Fehler ● ● ○ ○

Feld	1	4	10	5

12.
```
      10 10
    5 8 2
  − 2 4 6
      1 1
    2 3 6
```
Fehler ● ● ○ ○

Feld	4	12	3	6

Welche Ziffern fehlen?

```
    6 2. 2
  − 3. 9 1
    2  7 1.
```

```
    6. 2 4.
  − 5  5. 2
    3  4  5
```

```
    5 7 3
  − 9. 8. 8
    1 0 7.
```

```
    12. 3 10.
  − 6 11. 2
    2  3  5
```

Denke an den Übertrag!

Lösung	1	3	6	7	8	9
Feld	13	16	17	14	21	18

Lösung	0	4	5	6	7	8
Feld	20	15	23	19	22	24

1. 3,00€ + 2,99€ = __ €	5. 5,40€ + 4,65€ = __ €	9. 9,26€ + __ € = 10,00€
2. 5,00€ + 1,68€ = __ €	6. 6,38€ + 6,62€ = __ €	10. 17,49€ + __ € = 20,00€
3. 15,00€ + 5,08€ = __ €	7. 0,99€ + 10,11€ = __ €	11. 3,89€ + __ € = 5,00€
4. 17,00€ + 3,06€ = __ €	8. 13,64€ + 0,35€ = __ €	12. 6,27€ + __ € = 20,00€

Lösung	0,74	1,11	2,51	5,99	6,68	10,05	11,10	13,00	13,73	13,99	20,06	20,08
Feld	3	2	9	7	11	10	5	12	6	1	8	4

Das kannst du im Kopf!

1. 6,00€ – 3,99€ = __ €	5. 12,65€ – 1,20€ = __ €	9. 16,68€ – __ € = 10,00€
2. 13,00€ – 8,99€ = __ €	6. 9,85€ – 5,30€ = __ €	10. 23,95€ – __ € = 15,00€
3. 17,00€ – 4,05€ = __ €	7. 15,86€ – 4,80€ = __ €	11. 8,23€ – __ € = 4,23€
4. 9,00€ – 7,25€ = __ €	8. 7,69€ – 4,70€ = __ €	12. 4,41€ – __ € = 0,91€

Lösung	1,75	2,01	2,99	3,50	4,00	4,01	4,55	6,68	8,95	11,06	11,45	12,95
Feld	23	24	17	16	18	22	21	20	14	15	13	19

Aufgepasst!

1. 12,65€ + 5,45€ = __ €	5. 9,40€ + 7,70€ = __ €	9. 9,23€ – __ € = 5,60€
2. 8,09€ + 6,05€ = __ €	6. 17,00€ – 7,55€ = __ €	10. 20,95€ – __ € = 18,25€
3. 12,36€ – 6,42€ = __ €	7. 0,37€ + 12,64€ = __ €	11. 13,78€ + __ € = 16,60€
4. 22,08€ – 12,95€ = __ €	8. 20,23€ – 0,87€ = __ €	12. 6,03€ + __ € = 14,85€

Lösung	2,70	2,82	3,63	5,94	8,82	9,13	9,45	13,01	14,14	17,10	18,10	19,36
Feld	4	2	9	10	6	7	11	5	12	3	8	1

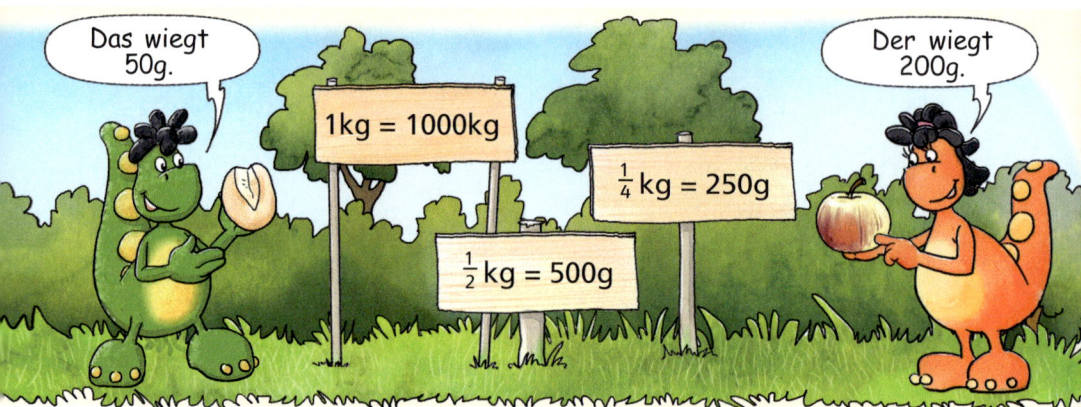

Das wiegt 50g.

1kg = 1000kg

$\frac{1}{4}$ kg = 250g

$\frac{1}{2}$ kg = 500g

Der wiegt 200g.

Wie schwer sind diese Dinge? Ordne zu.	Immer genau 1kg. Wie viele Teile brauchst du?

 1.
 4.
 7.
 10.

 2.
 5.
 8.
 11.

 3.
 6.
 9.
 12.

Lösung	20g	35g	100g	450g	500g	1000g
Feld	7	11	10	2	12	9

Lösung	2	4	5	8	20	25
Feld	6	1	4	5	8	3

Rechnen mit Gewichten

Wandle um.

Ergänze auf 1 Kilogramm.

1. 1 kg = ___g
2. 250 g = ___kg
3. 750 g = ___kg
4. $1\frac{1}{2}$ kg = ___g
5. 500 g = ___kg
6. $1\frac{1}{4}$ kg = ___g

7. 400 g + ___g = 1kg
8. 650 g + ___g = 1kg
9. 580 g + ___g = 1kg
10. 727 g + ___g = 1kg
11. 277 g + ___g = 1kg
12. 772 g + ___g = 1kg

Lösung	$\frac{1}{4}$	$\frac{1}{2}$	$\frac{3}{4}$	1000	1250	1500
Feld	6	9	3	2	5	1

Lösung	228	273	350	420	600	723
Feld	12	10	7	4	11	8

Zentimeter oder Millimeter?

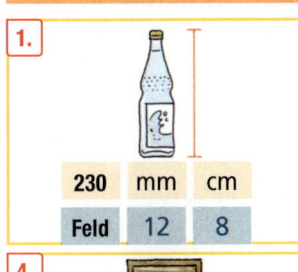

1.

230	mm	cm
Feld	12	8

2.

130	mm	cm
Feld	8	6

3.

5	mm	cm
Feld	9	1

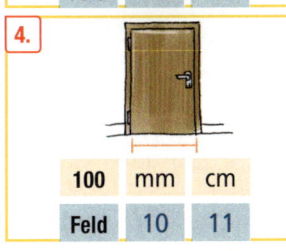

4.

100	mm	cm
Feld	10	11

5.

105	mm	cm
Feld	3	4

6.

10	mm	cm
Feld	7	6

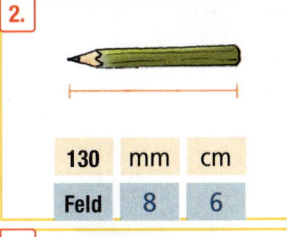
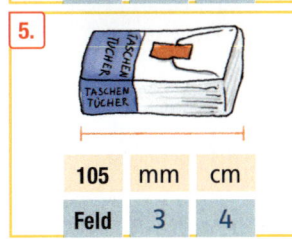

Wie viele Millimeter sind es?

7.	24 cm	8.	2 cm	9.	2cm 4mm
10.	4 cm	11.	4 cm 2 mm	12.	42 cm

Lösung	20mm	24mm	40mm	42mm	240mm	420mm
Feld	5	10	4	6	1	2

10 Millimeter =
1 Zentimeter
10 mm = 1 cm

530 cm = 5 m 30 cm = 5,30 m

Ergänze die fehlenden Angaben.

350 cm	**1.**	**2.**
3.	**4.**	3,05 m
35 cm	**5.**	**6.**
7.	0 m 53 cm	**8.**
5 cm	**9.**	**10.**
503 cm	**11.**	**12.**

Lösung	Feld
53 cm	18
305 cm	22
0 m 5 cm	21
0 m 35 cm	16
3 m 5 cm	20
3 m 50 cm	19
5 m 3 cm	13
0,05 m	15
0,35 m	24
0,53 m	14
3,50 m	23
5,03 m	17

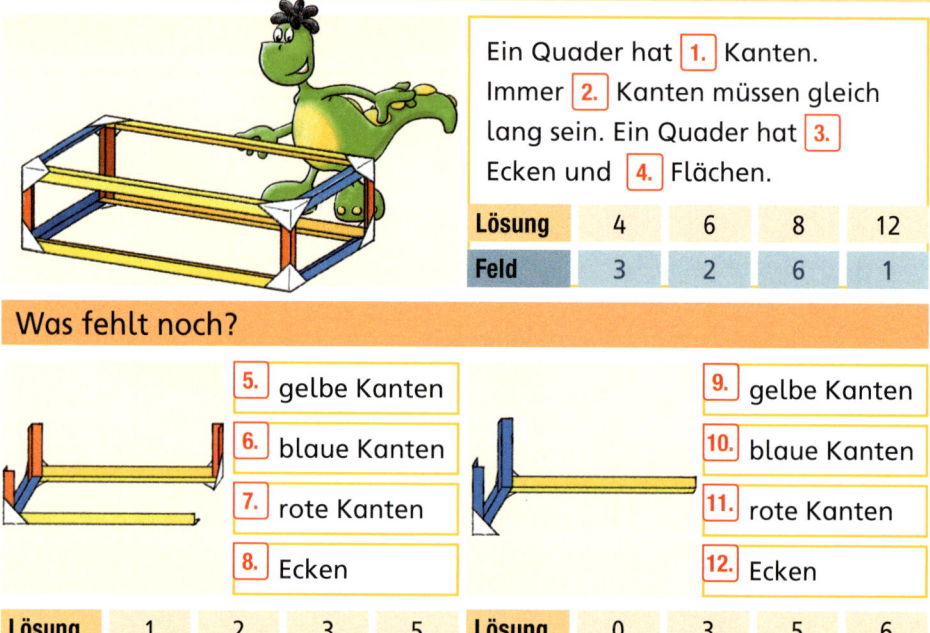

Ein Quader hat ⬛1. Kanten. Immer ⬛2. Kanten müssen gleich lang sein. Ein Quader hat ⬛3. Ecken und ⬛4. Flächen.

Lösung	4	6	8	12
Feld	3	2	6	1

Was fehlt noch?

5. gelbe Kanten	9. gelbe Kanten
6. blaue Kanten	10. blaue Kanten
7. rote Kanten	11. rote Kanten
8. Ecken	12. Ecken

Lösung	1	2	3	5
Feld	10	11	4	7

Lösung	0	3	5	6
Feld	8	5	12	9

Würfelnetze

Falte in Gedanken. Wo liegen die fehlenden Flächen?

u für unten
o für oben
v für vorne
h für hinten
r für rechts
l für links

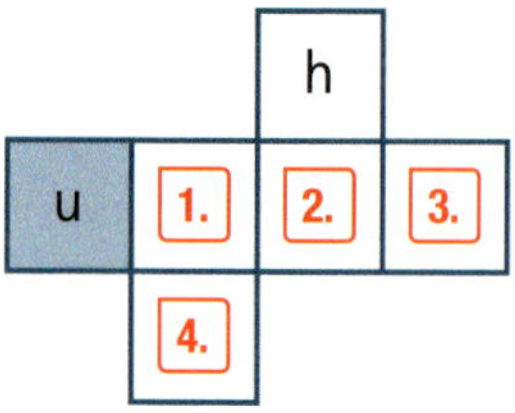

	h	
u	1.	2.	3.
	4.	

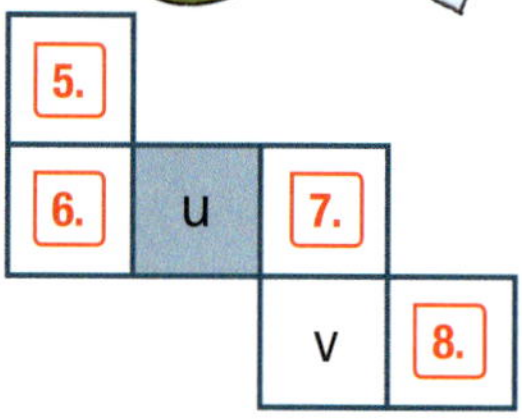

5.		
6.	u	7.
	v	8.

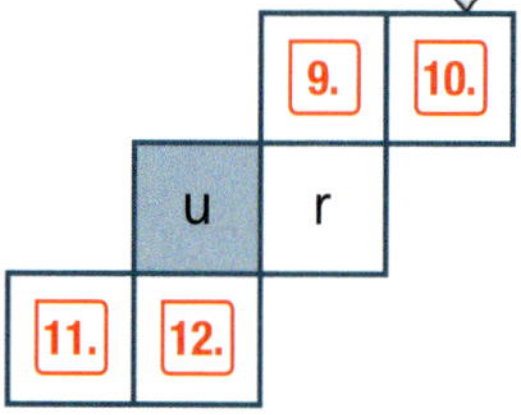

	9.	10.
	u	r
11.	12.	

Lösung	o	v	r	l
Feld	23	20	19	21

Lösung	o	r	l	h
Feld	14	18	24	16

Lösung	o	v	h	l
Feld	15	17	22	13

Finde zu jedem Gebäude den passenden Plan!

1.	2.	3.
4.	5.	6.
7.	8.	

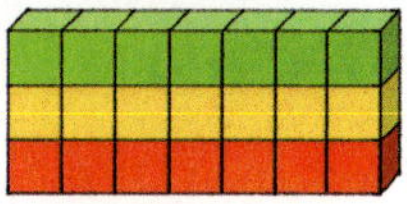

Lösung	11111 12221 12321 12221 11111	32323	3333 3111 3111 3111	3333333	33 22 11	4321 3321 2221 1111	54321	55 55
Feld	19	13	23	22	21	15	17	24

Zahlix und Zahline haben mit Mara und Luis dieses Gebäude gebaut.

Jeder hat einen anderen Bauplan gezeichnet. Ordne zu.

9. Mara	10. Luis	11. Zahlix	12. Zahline

Lösung	Mara	Luis	Zahlix	Zahline
Feld	14	16	20	18

Wurde die Figur richtig vergrößert?

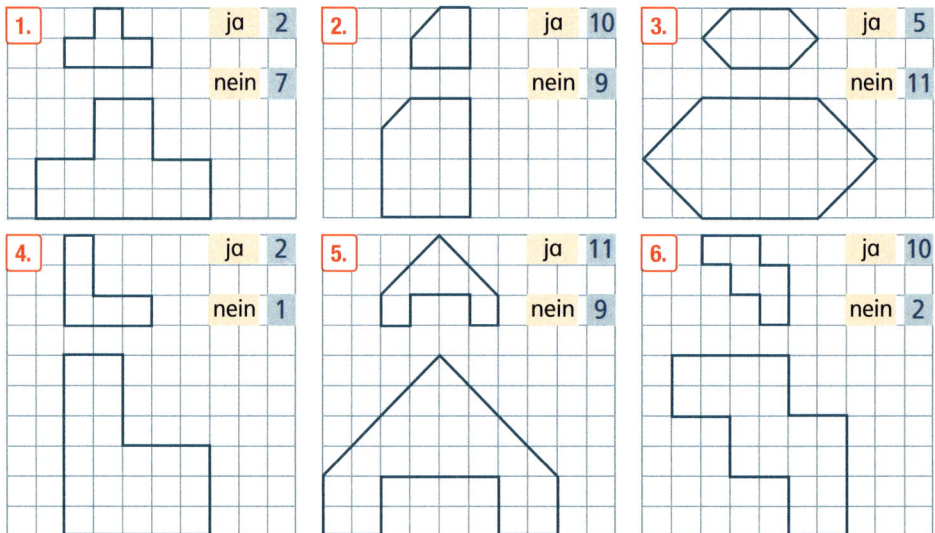

| 1. | ja 2 / nein 7 | 2. | ja 10 / nein 9 | 3. | ja 5 / nein 11 |
| 4. | ja 2 / nein 1 | 5. | ja 11 / nein 9 | 6. | ja 10 / nein 2 |

Wurde die Figur richtig verkleinert?

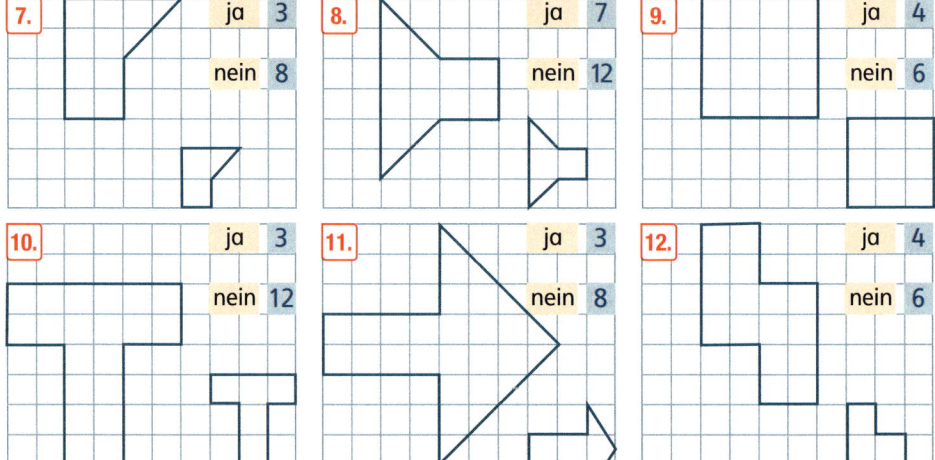

| 7. | ja 3 / nein 8 | 8. | ja 7 / nein 12 | 9. | ja 4 / nein 6 |
| 10. | ja 3 / nein 12 | 11. | ja 3 / nein 8 | 12. | ja 4 / nein 6 |

Achtung! Zwei Dreiecke sind so groß wie ein Quadrat!

Wurden die Spiegelachsen richtig eingezeichnet?

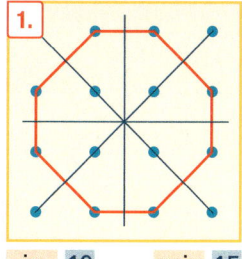

ja 19   nein 15

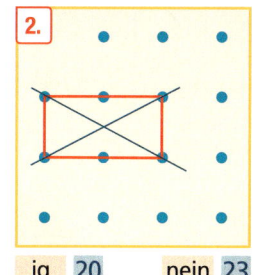

ja 20   nein 23

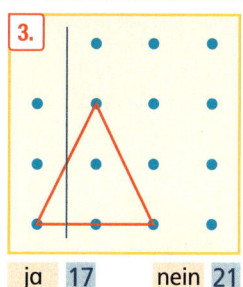

ja 17   nein 21

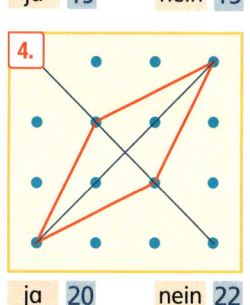

ja 20   nein 22

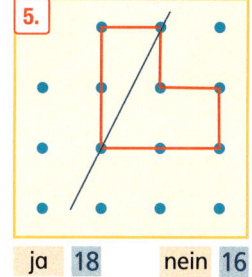

ja 18   nein 16

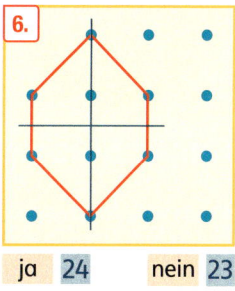

ja 24   nein 23

Wie viele Maßquadrate passen jeweils in die Figur?

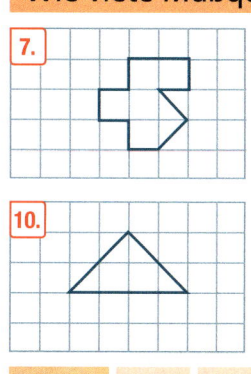

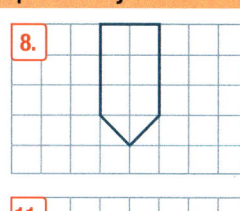

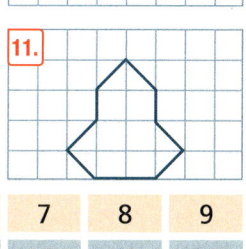

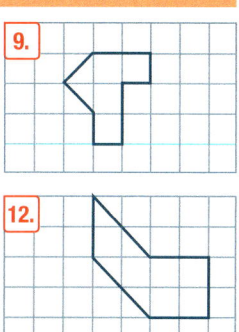

Lösung	4	5	6	7	8	9
Feld	15	22	17	13	18	14

Beim Schwimmunterricht der dritten Klassen haben die Kinder ihre Schwimmabzeichen machen können. Die Kreisdiagramme zeigen dir, wie sie in den einzelnen Klassen verteilt sind.

Klasse 3a
24 Kinder

Klasse 3b
24 Kinder

Klasse 3c
24 Kinder

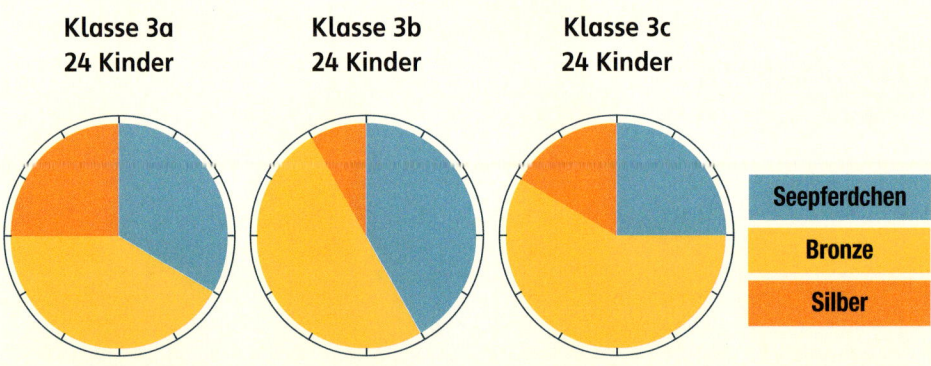

Seepferdchen

Bronze

Silber

Wie viele Schwimmabzeichen gab es in den einzelnen Klassen?

Klasse 3a	Klasse 3b	Klasse 3c	Lösung	Feld
1. Seepferdchen	10 Seepferdchen	**5.** Seepferdchen	2	21
			4	14
2. Bronze	**3.** Bronze	**6.** Bronze	6	18
			8	22
6 Silber	**4.** Silber	**7.** Silber	10	20
			12	23
			14	19
			16	13
			22	15
			3a	17
			3b	16
			3c	24

In der Klasse **8.** gab es die meisten Seepferdchen.

In der Klasse **9.** gab es die meisten Bronze-Abzeichen.

In der Klasse **10.** gab es die meisten Silber-Abzeichen.

In den Klassen 3a und 3b gab es zusammen **11.** Bronze-Abzeichen.

In den Klassen 3b und 3c gab es zusammen **12.** Seepferdchen.